Die Schöpfung

Helfried Weyer

Franz Alt

Die Schöpfung

nicolai

Sind wir noch zu retten?

»Gott, der HERR, brachte also den
Menschen in den Garten Eden.
Er übertrug ihm die Aufgabe, den
Garten zu pflegen und zu schützen.«
1. Mose/Genesis, 2, 15

Vor etwa 3 000 Jahren schrieben die Autoren des Alten Testaments in ihrem Schöpfungsbericht viermal: »Und Gott sah das alles an: Es war gut.« Würden sie das heute beim Anblick des Planeten im dritten nachchristlichen Jahrtausend wieder schreiben?

Dass wir das Staunen über die Wunder des Lebens verlernt haben, ist wahrscheinlich unser größter moralischer Defekt. Wir wissen zwar, dass die chemische Formel für Wasser H_2O ist – aber dass Wasser weit mehr ist als eine chemische Verbindung haben wir verlernt. Wir wissen zwar, wie sich das Licht bricht und wie ein Baby und eine Pflanze wachsen, aber das Licht, das Baby und die Pflanze bleiben ein Wunder.

Leben ist mehr als Chemie und Physik. Wer nur etwas von Chemie und Physik versteht, versteht wahrscheinlich auch diese nicht. Der Philosoph und Theologe Hans Urs von Balthasar wusste: »Alle Dinge kann man doppelt betrachten: als Faktum und als Geheimnis.« Ist es nicht grenzenloser Hochmut, dass wir alles, was uns scheinbar nichts nützt, als Ungeziefer und als Unkraut bezeichnen?

Wir sind faktenversessen und geheimnisvergessen. Hierin liegt die wesentliche geistige Behinderung unserer Zeit. Das Empfinden für das Geheimnis der elementaren Großartigkeit eines Wassertropfens oder des Meeres, eines Atoms oder eines Hochgebirges ging uns bei all unserer Technikgläubigkeit verloren. Deshalb haben wir verlernt, den Wert der Dinge zu achten, die nichts kosten. Deshalb bedanken wir uns auch nicht mehr bei der Erde, die uns trägt, und beim Wasser, das uns nährt. Alle Geheimnisse der Natur sind offensichtlich, aber wir bemerken sie kaum noch. Das Ergriffensein über die Geheimnisse des Lebens ist vielleicht eine Vorahnung der Ewigkeit.

Die Erde war einmal eine wunderbare Wohnstatt mit sauberer Luft, reinem Wasser und gesunden Böden. Die Bilder von Helfried Weyer in diesem Buch schenken uns noch einmal eine Ahnung davon. Die Schöpfungsgeschichte des Alten Testaments – in diesem Buch nachzulesen, nachzusehen und nachzuempfinden – ist eine der eindrucksvollsten, bedenkenswertesten und nachhaltigsten Passagen der Weltliteratur.

Gott schuf Licht und Dunkelheit, Tag und Nacht, Sonne, Mond und Sterne, Länder und Meere, Wälder und Wiesen, Menschen und Tiere. Danach sah er: »Es war gut.«

Und heute? Was empfinden wir? Und vor allem: Was tun wir?

Die ökologische Tagesschau

Wenn es an dem Tag, an dem Sie diese Zeilen lesen, ausnahmsweise einmal eine in ökologischer Hinsicht realistische Tagesschau geben würde, dann müssten meine Hamburger Kolleginnen und Kollegen Folgendes sagen:

»Auch heute haben wir wie an jedem Tag 150 Tier- und Pflanzenarten ein für alle Mal ausgerottet.«
Die Natur braucht 24 000 Jahre, um eine neue Spezies zu schaffen. Wir Menschen haben dafür gesorgt, dass das Artensterben heute etwa 1000-mal schneller stattfindet, als es die Natur vorgesehen hatte. Wir spielen Evolution rückwärts. Nie hat eine Generation vor uns Gott so sehr ins Handwerk gepfuscht, wie wir dies heute tun.

»Auch heute haben wir wie an jedem Tag 30 000 Hektar Wüste zusätzlich geschaffen.«
Wir ver-wüsten unseren schönen Planeten im wahrsten Sinne des Wortes. Zu meiner Schulzeit war das Phänomen Wüste noch auf Afrika beschränkt. Unsere Kinder haben in ihrem Geographieunterricht gelernt, dass die Wüstenbildung in Südeuropa angekommen ist. Und wenn die Ver-wüstung so weitergeht, dann liegt auch Mitteleuropa irgendwann in der Wüste.

»Auch heute haben wir wie an jedem Tag 86 Millionen Tonnen fruchtbaren Boden verloren – hauptsächlich durch Wind- und Wassererosion – und sind zugleich beinahe eine Viertelmillion Menschen mehr geworden.«
Haben wir noch die Fantasie, uns vorzustellen, wohin unsere Reise geht, wenn es nicht gelingt, diese Entwicklung zu stoppen?

»Auch heute haben wir wieder wie an jedem Tag 100 Millionen Tonnen Treibhausgase in die Luft geblasen. Hauptursachen: das Verbrennen von Kohle, Gas, Öl und Benzin.«
Wir verbrennen an einem Tag, was die Natur in 500 000 Tagen an Kohle, Gas und Erdöl angesammelt hat. Das heißt: Wir verstoßen in der Relation von 1:500 000 gegen das Überlebensgesetz der Nachhaltigkeit.

Es ist höchste Zeit zu handeln

Bakterien gibt es auf unserer Erde schon über 3,5 Milliarden Jahre. Der Homo sapiens aber lebt erst seit etwa 100 000 Jahren auf diesem Planeten. Wir sind Spätankömmlinge. Dafür aber treiben wir es umso bunter und mischen uns bedenken- und gewissenlos in das ein, was der

Evolution oder der Natur vorbehalten war. »Lebenstüchtigkeit, nicht Perfektion ist, was zählt in der Evolution«, meint der Wissenschaftsjournalist Stefan Klein. Wie lebenstüchtig also ist Homo sapiens?

Wir leben heute in den Industriestaaten so, als hätten wir noch einige Planeten in Reserve. Wenn alle 6,2 Milliarden Menschen sich benähmen wie wir in den reichen Ländern, dann würden die Naturschätze von fünf Planeten dafür nicht ausreichen. Und in etwa fünfzig Jahren werden wir bis zu 9 Milliarden Menschen sein. Und alle wollen so oder so ähnlich leben wie wir.

In dieser Situation meinen immer mehr Menschen, wir sollten uns darum bemühen, eine Heimstatt im Weltraum zu finden. Wieso aber nach den Sternen greifen? Wir leben doch auf einem wundervollen Planeten. Unser Heimatplanet bietet ein sehr lebensfreundliches Ambiente. Ob es uns wirklich etwas nützen würde, den Mars zu gewinnen, wenn wir zuvor die Erde verlieren? Wie weit müssten wir fliegen, um eine zweite Erde zu finden? Flucht hilft bei privaten Konflikten so wenig wie bei gesellschaftlichen oder globalen.

Unser Planet ist ein Paradies im Licht der Sonne. Davon zeugen die Bilder dieses Buches. Doch wir Menschen sind Nestbeschmutzer. Wir sind wohl die einzige Spezies auf dieser Erde, die ihr Nest nicht mehr sauber hält. Zwei Grundelemente des Lebens, Wasser und Luft, verschmutzen wir wie noch nie eine Spezies vor uns. Ein Liter Benzin verpestet und vergiftet zehn Kubikmeter Luft. Wir leben heute auf einem kranken Planeten. Der Indianerhäuptling Seattle wusste noch: »Alle Dinge teilen denselben Atem, das Tier, der Baum, der Mensch – sie teilen denselben Atem. Die Erde ist unsere Mutter. Was die Erde befällt, befällt auch die Kinder der Erde.«

Die zunehmenden Erkrankungen der Atemwege weisen uns darauf hin, dass wir verlernt haben, unsere Lebensvoraussetzungen wie Luft und Wasser gebührend zu schützen. Wir in Deutschland leiten Tag für Tag 116 000 verschiedene Chemikalien in Flüsse und Seen und vergiften damit unser wichtigstes Lebensmittel, das Wasser. Brunnenvergifter wurden im Mittelalter zum Tode verurteilt. Heute benehmen wir uns – zumindest in den Industriestaaten – fast alle wie Brunnenvergifter. Die Ozeane sind nicht tief genug, um noch lange als CO_2-Senke dienen zu können. Wenn die Fische könnten, würden sie aus unseren Meeren fliehen. Drei Viertel der etwa 45 Millionen Menschen, die jedes Jahr sterben, kommen wegen schlechter Umwelt- und Lebensbedingungen zu Tode. Millionen sind wegen Wassermangel oder vor dem Treibhauseffekt auf der Flucht. Jährlich kommen weitere Millionen hinzu.

Sind wir noch zu retten? Zum Handeln ist es nie zu spät – aber allerhöchste Zeit! Mahatma Gandhi meinte: »Wollen wir Fortschritte erzielen, so dürfen wir die Geschichte nicht wiederholen, sondern müssen selbst neue Geschichte machen.« Das unmenschlichste aller menschlichen Dogmen heißt: Alles wiederholt sich, alles ist unveränderbar – auch und gerade der Mensch. Einen verhängnisvolleren Irrtum gibt es nicht.

Wege aus der Krise

Die Schöpfung bewahren heißt freilich Schöpfungsgesetze achten und den Schöpfer oder die Schöpferin lieben. Während ich diese Zeilen schreibe, erfahre ich von einem positiven Beispiel, das zeigt, wie wir Wege aus der Umweltkrise finden können.

1987 wurde von der Weltgemeinschaft das Protokoll von Montreal verabschiedet. Damals wurde beschlossen, dass bis zum Jahr 2000 keine fluorchlorkohlenwasserstoffhaltigen Produkte mehr hergestellt werden dürfen. Das Protokoll wurde politisch umgesetzt. Heute ist die FCKW-Produktion weltweit eingestellt. Im Herbst 2002 können Wissenschaftler verkünden: Das Ozonloch wird nicht mehr größer, es stabilisiert sich. Wir können hoffen, dass sich die Ozonschicht bis etwa 2030/2040 wieder erholt haben wird und uns weiterhin vor den direkten UV-Strahlen der Sonne schützt.

1997 war ich auf einer Vortragsreise in Australien. Dabei erfuhr ich, dass auf dem »fünften Kontinent« wegen der zerstörten Ozonschicht jedes Jahr 140 000 Menschen an Hautkrebs erkranken. Wäre die Zerstörung der Ozonschicht nicht gestoppt worden, dann hätten wir in Deutschland etwa ab dem Jahr 2020 mit jährlich einer Million Hautkrebserkrankungen rechnen müssen. Heute können wir davon ausgehen, dass der Kelch dieses Schreckensszenarios an uns vorübergehen wird. Bis zur Mitte des Jahrhunderts werden freilich noch Millionen Menschen und Tiere wegen des Ozonlochs an Hautkrebs erkranken oder andere Hautkrankheiten bekommen, aber das Schlimmste bleibt der Menschheit doch erspart. Eine Lösung des Problems ist in Sicht.

Es muss und kann der Weltgemeinschaft gelingen, auch bei dem heute zentralen Thema der Umweltkrise, nämlich der Energiefrage und dem damit zusammenhängenden Treibhauseffekt, eine ähnlich positive Entwicklung zu organisieren. Es gibt noch einen Fluchtweg aus dem Treibhaus. Wir müssen uns allerdings entschließen, ihn konsequent zu gehen.

Die Chefmathematiker der Münchner Rückversicherung bringen es eindrucksvoller auf den Punkt als jedes Ökoinstitut: Wenn der Schadensverlauf bei den witterungsbedingten Naturkatastrophen so anhält wie in den beiden letzten Jahrzehnten, dann werden in sechzig Jahren – bei einem globalen Wirtschaftswachstum von jährlich drei Prozent – die klimabedingten Schäden höher sein als das weltweite Bruttosozialprodukt. Wenn George W. Bush sagt: »Klimaschutz ist für die Wirtschaft der USA zu teuer«, dann fragt Klaus Töpfer zurück: »Wie teuer wird es erst, wenn wir das Klima nicht schützen?« Die alte Wirtschaftspolitik mit ihrem Wachstums-Fetischismus ist am Ende.

Der Klimawandel wird zum Negativ-Motor der Weltwirtschaft. Klaus Töpfer als Chef der UNO-Umweltbehörde wie auch das Internationale Rote Kreuz weisen darauf hin, dass schon im Jahr 2000 erstmals mehr Menschen vor Flut- und Dürrekatastrophen geflohen sind als vor Kriegen. Die reichen Industriestaaten benehmen sich wie ökologische Aggressoren gegenüber den Armen im Süden.

Millionen von Daten aus dem Gletschereis, der Atmosphäre, den Korallenriffen der Ozeane oder den Jahresringen von alten Bäumen avisieren ein apokalyptisches Szenario für das Klima unseres Planeten, wenn jetzt nicht endlich das Umsteuern gelingt, das vor über zehn Jahren beim Erdgipfel in Rio de Janeiro von allen Regierungen beschlossen wurde:

> Ein Temperaturanstieg von global 0,6 Grad Celsius seit 1861 führte zu einer erheblichen Reduktion der bestehenden Eis- und Schneemassen. Kaum ein Gletscher in Europa wird den für dieses Jahrhundert prognostizierten Temperaturanstieg von bis zu 5,8 Grad Celsius überstehen.
>
> Die neunziger Jahre des 20. Jahrhunderts waren die heißeste Dekade seit Beginn der Datenaufzeichnung 1861. Es ist heute schon heißer als je zuvor in den letzten 16000 Jahren.

Angesichts dieser Daten räumt auch die Bush-Regierung inzwischen ein, dass der Treibhauseffekt von Menschen gemacht ist. Aber Washington hat auch auf dem Erdgipfel in Johannesburg das Kyoto-Protokoll, in dem nur wenige Prozent Treibhausgas-Reduktion vorgesehen sind, nicht unterzeichnet. Im US-Klimaaktionsbericht 2002 wird allen Ernstes empfohlen, sich an den »Klimawandel zu gewöhnen«.

Was können wir konkret tun?

Die einzig erfolgreiche Strategie heißt: Energie sparen, Energie effizienter nutzen und erneuerbare Energien verstärkt einsetzen. Die Energienutzung ist der Schlüssel für eine gute oder schlechte Zukunft jeder Gesellschaft.

Mindestens 20 Millionen Gebäude allein in Deutschland müssten energetisch saniert werden – das würde eine Halbierung des Heizenergieverbrauchs bedeuten und etwa 300000 neue Arbeitsplätze in der seit Jahren geplagten Baubranche schaffen.

Jene Automobilwirtschaft wird weltweit boomen, die im großen Stil das Drei-, das Zwei- und das Einliterauto rasch zu bezahlbaren Preisen auf den Markt bringt. Das gleiche gilt für das Brennstoffzellen-Auto. VW-, BMW- und Daimler-Techniker sagen Journalisten, dass sie mehr können, als ihre Vorstände nach außen vermitteln.

Der Solararchitekt Rolf Disch verkauft in Freiburg die ersten Solarenergie-Plus-Häuser, die mit Hilfe der Sonne mehr Energie produzieren, als in diesen Häusern verbraucht wird. Jeder Hausbesitzer wird ein Energieverkäufer. Ökonomie und Ökologie passen endlich zusammen. Denn diese Häuser sind nicht teurer als herkömmlich gebaute Häuser. Und mit dem Solardach wird Geld verdient.

Benzin- und Heizölpreise aber werden auch in den nächsten Jahrzehnten steigen – nicht nur wegen der Klimabelastung, sondern vor allem wegen der begrenzten Ressourcen. Sonne, Wind, Erdwärme, Biogas, solarer Wasserstoff, Wasserkraft und Wellenenergie der Ozeane stehen uns dagegen praktisch unbegrenzt und für alle Zeit zur Verfügung. Allein die Sonne schickt uns täglich 15 000-mal mehr Energie, wie zurzeit 6,2 Milliarden Menschen auf der Erde verbrauchen. Die Lösung des Energie- und Klimaproblems steht am Himmel.

Wir aber haben noch immer ein Brett vor der Sonne. In Deutschland warten rund 20 Millionen Gebäude darauf, zu Solarkraftwerken umgerüstet zu werden. Aber es gibt auch positive Entwicklungen.

170 Großunternehmen haben sich weltweit zusammengeschlossen, um etwas zu tun, was Unternehmern kaum zugetraut wird: Sie unterstützen Klimaschutzmaßnahmen zum Teil gegen ihre eigenen Regierungen. »e-mission 55« heißt die Initiative. Die Firmen – unter ihnen die Deutsche Telekom und der Schweizer Großkonzern ABB – haben insgesamt einen Jahresumsatz von 200 Milliarden Euro. Sie wollen, dass möglichst viele Regierungen möglichst rasch das Kyoto-Klimaschutz-Protokoll unterzeichnen. Damit dieses Protokoll in Kraft treten kann, müssen 55 Regierungen unterschrieben haben, deren Länder zusammen 55 Prozent der Treibhausgase emittieren. Deshalb »e-mission 55«.

Noch fehlen die Unterschriften so großer Länder wie Russland und Kanada – die USA unter George W. Bush verweigern sich grundsätzlich. Aber jetzt besteht Hoffnung, weil allein in Kanada inzwischen mehrere Dutzend Firmen der »e-mission 55« beigetreten sind.

Geradezu sensationell mutet an, dass die Ölkonzerne BP und Shell die Aktion unterstützen. BP-Chef Lord John Browne erklärte kürzlich, dass sein Konzern die Treibhausgas-Emissionen seit 1990 um zehn Prozent reduziert habe. Weitere fünf bis acht Prozent sollen bis 2010 erreicht werden. Bemerkenswert ist vor allem diese Aussage des BP-Chefs, der in England von Journalisten zum »Umweltmanager des Jahres« gekürt wurde: »Wir haben unser Ziel ohne zusätzliche Kosten erreicht, da die Einsparungen wegen der verringerten Energiezufuhr und der gesteigerten Effizienz alle damit verbundenen Kosten aufgewogen haben.« Klimaschutz zum Nulltarif durch einen Ölkonzern! So etwas animiert auch andere zum Mitmachen. Der Konzern BP beweist damit, dass große Unternehmen selbst zeigen können, was sie sonst immer von der Politik und den Politikern fordern: marktgerechte Flexibilität.

Bei BP wurde besserer Klimaschutz durch ein modernes ökonomisches Instrument erreicht – durch den internen CO_2-Zertifikatenhandel. Das heißt: Klimaschutzmaßnahmen werden im eigenen Betrieb vor allem dort durchgeführt, wo sie besonders preiswert und praktikabel sind. Per Gutschein wird dann der billigste Einsparüberschuss an andere, weniger sparsame Firmenbereiche verkauft. Lord Browne: »Das funktioniert. Wir sind positiv überrascht.« CO_2-Zertifikatenhandel wird weltweit in den nächsten Jahren eine immer größere Rolle spielen und das Klima entlasten.

Ölkonzerne werden Sonnenkonzerne

BP hat auch ehrgeizige Ziele bei der Produktion von Techniken für erneuerbare Energien. Bei der Herstellung von Photovoltaik-Anlagen zum Gewinnen von Sonnenstrom ist BP bereits Weltmarktführer.

Die modernste Solarzellenfabrik der Welt hat allerdings der Ölmulti Shell in Gelsenkirchen gebaut. Außerdem plant Shell jetzt den Einstieg in die Windradtechnologie im großen Stil. Ausgerechnet der Ölgigant will einen der ersten Offshore-Windparks in der Nordsee aufstellen. Shell bewirtschaftet außerdem bereits Waldflächen von annähernd 200 000 Hektar, um in das Geschäft der umweltfreundlichen Energieproduktion aus nachwachsenden Rohstoffen einzusteigen. Shell und BP haben in den USA spektakulär eine Koalition von Energie-Unternehmen verlassen, die Präsident Bush in seiner Anti-Klimapolitik unterstützten. Das Solarzeitalter beginnt soeben.

BP-Chef Browne will bis 2007 mit Solarzellen bereits ein Umsatzvolumen von einer Milliarde Euro erzielen und bis 2010 Brennstoffzellen für Wasserstoffautos produzieren. Diese Autos, so genannte Null-Emissions-Autos, fahren dann ohne Produktion von Treibhausgas. In internen Energieszenarien geht die Shell AG davon aus, dass bis zur Mitte des Jahrhunderts zwei Drittel aller Energieverbräuche weltweit aus erneuerbaren Energiequellen stammen werden, während die Ölproduktion dann nur noch, gemessen an den heutigen Ölverbräuchen, 20 Prozent betragen wird. »Wir werden Sonnenkonzerne«, sagen BP- und Shell-Vorstände übereinstimmend. Sie sagen das weniger aus Klimaschutzgründen. Sie wissen vielmehr, dass ihnen in absehbarer Zeit der alte Stoff ausgehen wird. Schon in wenigen Jahren wird etwa die Hälfte aller globalen Öl- und Gasvorkommen verbraucht sein. BP-Chef Lord Browne: »BP heißt heute noch British Petroleum, bald aber steht BP für Beyond Petroleum, für Nach-Öl-Zeitalter.«

Noch größere Erfolge beim Energieeinsparen und damit bei der Reduktion von Treibhausgasen weist die Deutsche Telekom nach, die ebenfalls Mitglied bei »e-mission 55« ist. Die Telekom demonstrierte in ihrem Nachhaltigkeitsbericht 2001 überzeugend, wie bei einem großen Unternehmen Energieeinsparung und Energieeffizienz funktionieren können: Von 1995 bis 2001 wurden danach der gesamte Energieverbrauch um 21 Prozent und die CO_2-Emissionen um 27 Prozent reduziert. Von 2000 bis 2001 wurde der Stromanteil aus regenerativen Quellen mehr als verdoppelt und der Atomanteil halbiert. Der größte Fortschritt bestand allerdings darin, dass innerhalb eines Jahres der Anteil des gesamten Stromverbrauchs aus Kraft-Wärme-Kopplung von 22 Prozent auf 59 Prozent erhöht und der Stromanteil aus fossilen Quellen von 41 Prozent auf 18 Prozent reduziert werden konnten. Das ist beispielhaft.

Eine vollkommen neue politische Koalition aus zukunftsfähigen Politikern, Unternehmern, Gewerkschaftern, Kirchenvertretern, Landwirten, Handwerkern und Millionen Privatleuten wird benötigt, wenn Klimaschutz und Umweltschutz als wichtigste Handlungsstrategie am Beginn des 21. Jahrhunderts erkannt und realisiert werden sollen. Dann erst können wir unsere Anfangsfrage guten Gewissens bejahen: Ja, wir sind noch zu retten. Aber auch nur dann. Alles liegt an uns – an wem denn sonst?

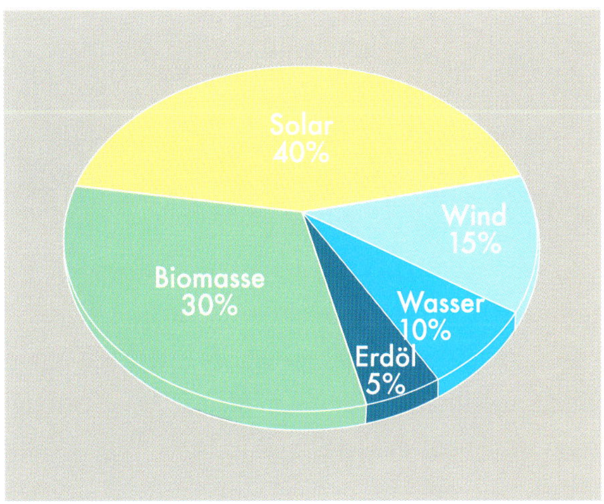

Energieszenario 2050

Die Europäische Kommission in Brüssel und viele Fachleute, die sich mit den Potenzialen der erneuerbaren Energiequellen beschäftigen, gehen davon aus, dass wir mit Hilfe von Energieeinsparungen, einer besseren Energieeffizienz und durch den Ausbau der erneuerbaren Energien bis etwa 2050 die solare Energiewende komplett organisieren können. Der Energieverbrauch für Europa könnte dann so aussehen wie in dem Schaubild links unten.

Das Angebot der Natur an Energiequellen ist beinahe unendlich. Während in den nächsten Jahrzehnten die alten Energiequellen zu Ende gehen und außerdem – bedingt durch ihre zunehmende Knappheit – immer teurer werden, reichen die Angebote der erneuerbaren, umweltfreundlichen Energien für »alle« Zeit, und sie werden immer preiswerter.

Der auf der nächsten Seite abgebildete Würfel zeigt, um wie viel 1000-mal mehr uns erneuerbare Energie zur Verfügung steht, als wir jemals brauchen werden. Das kleine Quadrat rechts unten im großen Quadrat stellt dar, wie viel Energie die 6,2 Milliarden Menschen heute verbrauchen. Das ganz große Quadrat, das alle anderen umschließt, soll andeuten, dass uns die Sonne 15 000-mal so viel Energie zur Verfügung

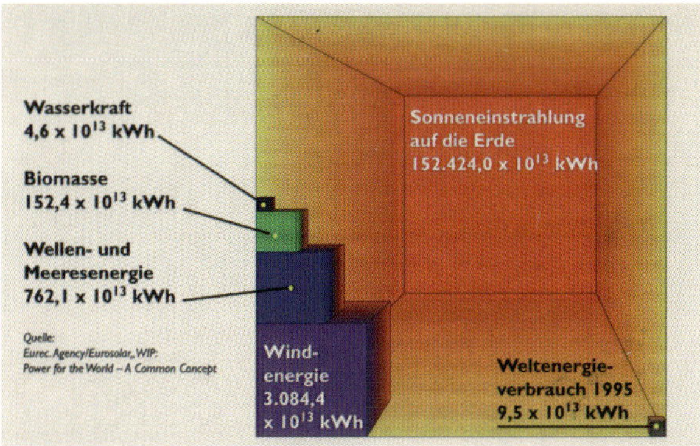

Angebote erneuerbarer Energien weltweit

stellt, wie alle Menschen heute nutzen. Allein die Wasserkraft reicht theoretisch, um alle Menschen mit Energie zu versorgen. Dazu kommen noch 10-mal mehr Biomasse – gespeicherte Sonnenenergie –, als wir heute an Energie verbrauchen, etwa 40-mal mehr Wellen- und Meeresenergie sowie etwa 80-mal mehr Windenergie.

Das 11. Gebot: »Du sollst den Kern nicht spalten!«

Ohne Sonnenlicht würden wir nicht existieren. Die Sonne lässt uns leben. Ohne Sonne gäbe es keine Atmosphäre und keine Ordnung auf der Erde – sie wäre wüst und leer. Diese Sonne, ihr Licht, ihre Kraft und ihre Energie gilt es neu zu entdecken. Nicht zufällig ist die Sonne in allen Religionen, heiligen Schriften und Weisheitslehren das göttliche Symbol. Irgendwann werden die Theologen vielleicht Gott als Energie definieren – als die Kraft, aus der alles Leben und alle Ordnung und alles Sein, das wir kennen, hervorgingen und permanent hervorgehen. Gott ist Liebe, Leben und Energie. Gott ist die Kraft, die alles am Leben hält und zusammenhält. Sonne ist einleuchtend.

Die Sonne ist das Fusionsprinzip schlechthin, sie funktioniert physikalisch wie eine Fusionsreaktion. Fusion ist Verbindung. Aber mit unseren Atomreaktoren betreiben wir das Gegenteil. Wir spalten. Obwohl das griechische Wort *átomos* »unteilbar« heißt, teilen wir, was die Natur verbunden hat. In einem Atom verbirgt sich die kleinste Einheit des Lebens. Durch Kernspaltung trennen wir etwas, was nicht wieder zusammenfinden kann. Deshalb Atommüll.

Energiegeladene Atome vereinigen sich, stellen Bindungen her, die wir in ihrer Masse als Materie bezeichnen und die wir erst nach ihren Verbindungen überhaupt wahrnehmen können. Wenn wir diese Urenergien aber spalten, dann sind sie nicht mehr Bausteine des Lebens, sondern Elemente des Todes. Sie wirken dann zerstörend und vernichten das Leben. Ein zeitgemäßes 11. Gebot müsste nach diesen Einsichten lauten: »Du sollst den Kern nicht spalten – weder den Atomkern noch den Zellkern!«

Weil wir trotz dieser wissenschaftlichen Erkenntnisse viele »Kerne« schon gespalten haben, existieren alleine in den USA bis heute 70 000 Tonnen Atommüll. Ein Endlager dafür ist uns seit rund dreißig Jahren versprochen. Es gibt aber bis heute weltweit kein einziges atomares Endlager. Fachleute befürchten, dass es ein solches niemals wirklich geben kann. Wir haben uns am Schöpfungsprozess versündigt. Atommüll strahlt über 200 000 Jahre. Deshalb gibt es weltweit Proteste gegen so gennante »Endlager«, auch von denen, die zuvor für Atomkraftwerke plädierten.

Bei solarer Energienutzung fällt kein Müll an, es entsteht kein Treibhausgas und damit auch keine Klimabelastung. Allein deshalb ist die Sonnenenergie in ihrer ganzen Vielfalt über Wind, Wasser, Biogas, Biomasse, Erdwärme und solaren Wasserstoff der Schlüssel für eine friedlichere Welt. Sonne ist nicht nur Leben. Sonne schafft Leben. Atomenergie zerstört.

Die Natur oder die Evolution, Gott oder die Göttin haben durch Licht, das aus der Sonne hervorgeht, Strukturen gebildet, welche Leben wachsen und Evolution gedeihen lassen. Durch Licht entstehen seit Milliarden Jahren auf unserem Planeten immer wieder Lebensstrukturen, schöpferische Energie. Der Schweizer Arzt und Tiefenpsychologe C. G. Jung schrieb 1911 sein grundlegendes Werk »Wandlungen und Symbole der Libido«. Darin identifizierte der wohl bedeutendste Seelenarzt des 20. Jahrhunderts die Kraft der Sonne mit dem Schöpfer-Gott oder dem Feuer. Die äußere sichtbare Sonne und ihre Lebenskraft ist ein Symbol und ein Ausdruck unserer unsichtbaren inneren Kraft, der seelischen Energie oder der Libido. Jung sieht in der Sonne »das einzig ›vernünftige‹ Gottesbild«; nach ihm ist »die Sonne der Vatergott, von dem alles Lebende lebt.«

Die Lösung kommt von ganz, ganz oben!

Diese Einsicht deckt sich mit den Überzeugungen von Naturreligionen ebenso wie mit einer Aussage von Jesus in der Bergpredigt, wie wir noch sehen werden, und den Erkenntnissen der modernen Naturwissenschaft. Unser Planet ist von der Sonne initiiertes Leben, gestaltete Energie. Am Anfang war das Licht. Und wenn das Licht nicht mehr ist, wird unser Planet nicht mehr sein. Über das Leben nachzudenken heißt immer auch, über das Licht, also über die Sonne und über Gott nachzudenken. Darin aber verbirgt sich eine anspruchsvolle Herausforderung an eine Architektur der Zukunft, die eine solare Architektur sein wird: nämlich die gebaute Umwelt harmonisch und lebensfreundlich mit den kosmischen und natürlichen Energiekräften zu koordinieren.

Wenn wir eines Tages lernen, das Licht der Sonne als Energiequelle für alle Zeit und für alle Menschen zu nutzen, fangen wir an, das Jesus-Wort aus der Bergpredigt zu verstehen: »Er (der himmlische Vater) lässt seine Sonne scheinen auf böse wie auf gute Menschen« (Matthäus 5, 45) – also in gleicher Weise für alle Menschen. Die Lösung kommt von ganz, ganz oben. Dieses Jesus-Wort ist weit mehr als ein astrophysikalischer Hinweis. Hier leuchtet uns die Überlebensstrategie des Lebens entgegen.

Aber noch immer verdrängen und verleugnen wir die Friedens- und Heilungschancen, die uns das Sonnenlicht bietet. Die finanziellen Interessen (in Milliardenhöhe!) der Atom- und Öl- und Gas- und Autolobby verhindern den raschen Ausbau der Nutzung von solarer Energie. Materiell sind diese Interessen zurzeit die stärkste Macht auf der Welt. Also organisieren wir über die alten Energieträger weltweit ökonomisches, ökologisches und soziales Chaos auf unserer schönen Erde.

Was geschieht dabei? Die Natur hat in Hunderten Millionen Jahren mit Hilfe des Sonnenlichtes über die Photosynthese bei Pflanzen und Bäumen im ursprünglich viel zu reichlich vorhandenen Kohlendioxid den Kohlenstoff und den Sauerstoff getrennt und den Kohlenstoff in der Erde gebunden. Erst danach konnte höheres Leben auf unserer Erde entstehen. Aber in Umkehrung dieses Prozesses und wider alle Vernunft verbrennen wir Kohle, Gas und Öl massenhaft in wenigen Jahrzehnten und verbinden Kohlenstoff und Sauerstoff wieder zu Kohlendioxid, CO_2, dem Hauptklimakiller! Und mit dem Zerstören der Regenwälder vernichten wir die Klimaanlage des Planeten.

So entsteht erneut Chaos wie am Beginn der Schöpfung. Aus diesem pyromanen Prozess erwächst unser heutiges Selbstmordprogramm. Wir Pyromanen verstoßen damit gegen das wichtigste Ordnungsprinzip der Natur oder der Sonne oder Gottes. Das Tohuwabohu des Anfangs, das einer wunderbaren und ästhetischen Ordnung gewichen war, ist die neue Horrorvision einer chaotischen Zukunft.

Die Sonne schickt uns keine Rechnung

Wir haben jetzt nur eine Chance, dem Teufelskreis zu entkommen: die Nutzung der Sonnenenergie, die überall verfügbar ist, wo Menschen leben. Dabei gewinnen wir nicht nur ökologische, sondern ebenso ökonomische Vorteile. So wenig wie die Pflanzen für ihre Photosynthese die Sonne bezahlen müssen, so wenig müssen wir Menschen es tun. Der ökonomische Vorteil der ökologischen Solarenergie ist: Die Sonne schickt uns keine Rechnung! Wenn alle Energiesubventionen gestrichen werden würden und auf dem Energiemarkt endlich Marktwirtschaft funktionierte, dann wäre die erneuerbare Energie unschlagbar preiswert.

Den Stoff gibt es umsonst. Wir müssen lediglich die Technik für die Umwandlung bezahlen. Wenn wir diese – durch entsprechende politische Rahmenbedingungen – massenhaft produzieren lernen, wird sie wie jede Technik immer preiswerter werden. Auch Transportkosten entfallen. Denn Licht fällt auf jedes Dach und an jede Hauswand. Wir müssen uns lediglich öffnen für die Sonne. Das ist freilich mehr als ein technischer Umdenkprozess – es ist eine geistige Umkehr. Die neue Metaphysik heißt: Sich öffnen für das Licht! Bisher haben wir von tief unten »schwarze Energie« – Kohle, Öl, Gas – gefördert. Jetzt aber sollten wir uns öffnen für das Licht, für die »weiße Energie« von oben. Es geht um ein komplett anderes und neues Energie-Organisations-Prinzip.

Das gleiche gilt für die Windenergie. Auch der Wind schickt uns keine Rechnung. Diese kosmische Energie ist ebenso wie das Sonnenlicht ein Geschenk des Himmels – im besten Sinne des Wortes. In alten Sprachen wird für Wind und Geist dasselbe Wort verwendet – zum Beispiel *to pneuma* im Griechischen. *Ruach* im Hebräischen heißt Geist oder Geistin oder Wind. Der Wind ist eine Geisteskraft.

Solares Denken und Handeln ist also mehr als der Umstieg von einer alten Technik zu einer neuen, es erzeugt eine neue Grundeinstellung zum Leben. Viele, die von Atomstrom auf Sonnenstrom umgestiegen sind, erklären: »Wir haben ein neues Verhältnis zur Natur und zur Sonne gewonnen – wir schauen jetzt öfter mal nach oben.«

Umweltkrise – Innenweltkrise

Dieser Blick nach oben bewirkt bei vielen Umsteigern einen Blick nach innen. Wir werden uns über die äußere Energie-Autarkie unserer inneren Energie-Autarkie bewusst. Wir erkennen jetzt besser, dass die äußere Energiekrise ein Abbild einer viel tieferen, inneren Energiekrise ist. Die Heilung im Außen kann einen Heilungsprozess im Inneren initiieren. Wir werden aktiver – auch politisch – und tragen damit wiederum zu einem Heilungsprozess im Außen bei.

Über unser »inneres Licht« (Jesus in der Bergpredigt) können wir ein sonniges Wesen nach außen werden. Sonnige Wesen können verstehen lernen, dass die wichtigsten Dinge des Lebens nichts kosten: das strahlende Licht aus uns und die Freude und Dankbarkeit in uns. Liebe und Freude sind so wenig käuflich wie die Sonne. Sie sind ein Gottesgeschenk. Wir sollten es intelligent nutzen. Dafür müssen wir unsere Herzen öffnen – so wie wir unsere Dächer und Hauswände für Solaranlagen zur Verfügung stellen können als Landeplätze für die Strahlen aus dem Kosmos.

Durch ein solares Zeitalter haben wir die Möglichkeit – vielleicht erstmals in der Geschichte –, daran mitzuarbeiten, dass auf dieser Erde kein Kind mehr verhungern muss. Der Traum aller großen Geister wird realisierbar: Wir können einen Beitrag für das Paradies auf Erden leisten. Vielleicht haben wir diesen Traum lange Zeit für reine Spinnerei und Utopie gehalten. Aber heute beginnen wir zu ahnen, dass wir im Informations- und Solarzeitalter der Verwirklichung dieses Traumes näher kommen können. Etwas wissen wir nämlich heute schon: Wir verfügen über sehr viel Energie, so viel, dass es ein für alle Mal ausreicht, um jedermanns und jederfraus Bedürfnisse zu befriedigen. Es reicht freilich nicht für jedermanns Habgier. Wir werden lernen müssen, unsere Ego-logie durch Öko-logie zu bändigen.

Wenn wir Menschen des dritten Jahrtausends das Energiefeld, das uns umgibt und das wir »anzapfen« können, als »göttliche Liebe« oder als »Energie von oben« oder »göttliche Energie«

erkennen, dann sind wir bereits auf der Spur der großen Lebensmeister wie Buddha, Jesus, Laotse oder Mahatma Gandhi. Sie haben uns den Weg zum Paradies gewiesen. Erstmals hängt das Überleben der Menschheit von einer radikalen geistigen und seelischen Umkehr ab.

In wenigen Jahrzehnten wollen etwa acht bis zehn Milliarden Menschen so leben wie heute die 800 Millionen in den Industriestaaten. Darauf sind wir weder technisch noch spirituell vorbereitet. Wir haben allein im 20. Jahrhundert mehr zerstört als in 50 Jahrhunderten zuvor. Im Angesicht dieser ökologischen und ökonomischen Katastrophe predigen die politischen, ökonomischen, die wissenschaftlichen und publizistischen Eliten »weiter so«. Sie sind so taub und tumb geworden, dass sie die Alarmglocken wie die des 11. September nicht mehr hören. Wer heute »weiter so« propagiert, macht sich des Verbrechens an künftigen Generationen schuldig.

Wir verbrauchen und verbrennen das Erbe unserer Kinder. Nie zuvor haben wir so viel über unsere Situation gewusst wie heute, aber noch nie zuvor haben wir so wenig für das kollektive Überleben des Lebens getan. Wir sind im buchstäblichen Sinne des Wortes die Generation der Endverbraucher. Am deutlichsten wird diese Schlussverkaufsmentalität bei unserer Energiepolitik. Allein die Sonnenpolitik kann nachhaltig sein. Die Sonne lässt sich nicht verbrauchen.

Solarenergie ist die Energie des Volkes und die Energie des Friedens. Es gibt keine Shell- oder RWE- oder Eon-Sonne, sondern nur die Sonne für alle. Sonnenpolitik bietet eine große Chance zur Demokratisierung in allen Gesellschaften. Die Nutzung der Sonnenenergie erfolgt dezentral, autonom und unabhängig von zentralisierten Energiekonzernen. Jeder und jede besorgen sich seine oder ihre Energie selber.

Sonnenpolitik kann wegweisend werden für eine sozialökologische, friedliche und gerechte Politik im 21. Jahrhundert. Erst eine Sonnenpolitik wird eine effiziente Umweltpolitik sein – Voraussetzung für eine Welt ohne Armut. Der Energiereichtum der Sonne ist die Basis für eine Welt mit Wohlstand und Arbeit für alle. Sonnenpolitik bedeutet einen neuen Reichtum in einer neuen Zeit für alle Menschen. Noch einmal: Sonnenpolitik meint gerade nicht Askese oder Armut oder Verzicht, sondern die Chance für einen globalen ökologischen Wohlstand.

Spätestens jetzt, im Zeitalter der globalen ökologischen Krise, im Zeitalter der Klimaveränderung, des Artensterbens und des Waldsterbens, des Ozonlochs und der Ausbreitung der Wüsten, wird deutlich: Frieden ist mehr als das Schweigen der Waffen. Es gibt keinen Frieden ohne Frieden mit der Natur.

Das Kurzzeit-Problem

Warum aber setzen wir heute mehrheitlich nach wie vor auf Erdöl, das uns noch etwa vierzig Jahre zur Verfügung stehen wird, und vernachlässigen die Sonne, die uns noch etwa 4,5 Milliarden Jahre mit all der Energie versorgen wird, die die Menschheit braucht? Die Ökonomie, die heute alles beherrscht, denkt kurzfristig, die Biologie hingegen arbeitet langfristig. Schon Eugen Roth wusste:

»Zu fällen einen schönen Baum
braucht's eine halbe Stunde kaum.
Zu wachsen bis man ihn bewundert –
braucht er, bedenk es – ein Jahrhundert.«

Bäume treffen seit vielen Jahrtausenden in jedem Frühjahr erstaunliche Entscheidungen, die gut und langfristig funktionieren. Die Blüten eines Baumes entfalten sich genau zur Flugzeit der sie bestäubenden Insekten. Die Blätter wachsen angepasst an Temperatur, Licht und Regen, und die Früchte reifen genau dann, wenn jene Vögel anwesend sind, welche die Samen verteilen. Und die Vögel legen ihre Eier exakt zu Zeiten ab, in denen die gerade geschlüpften Jungen jene Nahrung vorfinden, die sie am Leben erhält. Für lebende Systeme ist überlebensnotwendig, dass sich ihre Planungen über lange Zeiträume erstrecken. Sonst verschwinden sie rascher, als sie entstanden sind. Geduld ist eine wichtige, ja unerlässliche ökologische Tugend. Tiere »wissen« das und handeln entsprechend. Pflanzen auch. Ausgerechnet der Homo sapiens – die Bezeichnung Homo oeconomicus wäre wohl angemessener – handelt immer kurzsichtiger, das heißt immer dümmer.

Wahrscheinlich liegt die größte Schwäche des heutigen Kapitalismus in seiner Kurzsichtigkeit und in seiner Schnelllebigkeit. Die Aktienkurse purzeln oder springen noch schneller und aufgeregter als die Kleidermoden. Die gehetzten kapitalistischen Gesellschaften erweisen sich seit rund dreißig Jahren als unfähig, ihre eigenen langfristigen Probleme zu lösen. Sie sind außerdem mitschuldig daran, dass die meisten so genannten Dritte-Welt-Länder nicht einmal ihre kurzfristigen Probleme wie Wasser- und Lebensmittel- oder Energieversorgung lösen können.

Nachhaltigkeit kann aber nur funktionieren, wenn in einer Gesellschaft die landwirtschaftliche Basis erhalten bleibt. Das heißt: Felder dürfen nicht überdüngt und ausgelaugt werden, sie brauchen Zeit zum Regenerieren; die Essensgewohnheiten müssen sich am Ökosystem orientieren wie die Energieverbräuche; Luft, Wasser und Wälder müssen nachhaltig geschützt werden. Wo diese nachhaltige landwirtschaftliche Basis fehlt oder missachtet wird, ist der langfristige Untergang vorprogrammiert. Deshalb wird an der Ökologisierung der gesamten Landwirtschaft kein Weg vorbeiführen, wenn wir überleben wollen.

Hauptsächlich Homo sapiens germanicus ist zurzeit außerstande, langfristig zu planen und vorzusorgen. Deshalb gelingt es uns nicht, unsere ökonomischen, sozialen und ökologischen Probleme zu lösen. Deshalb haben wir viel mehr Massenarbeitslosigkeit als andere vergleichbare

Industriestaaten – wie Japan, die USA, die Niederlande, Großbritannien, Österreich, die Schweiz oder die skandinavischen Staaten. In dieser Situation höre ich viele Ökonomen sagen, Massenarbeitslosigkeit sei im Zeitalter der Mechanisierung und Globalisierung unser Schicksal ja geradezu naturnotwendig.

Wo aber in der Natur gibt es Massenarbeitslosigkeit? Haben Sie je einen Frosch gesehen, der arbeitslos wäre? Oder je einen Grashalm ohne Beschäftigung? Betrachten Sie die Bilder dieses Buches. Kein Sternenhaufen und keine Galaxie ist arbeitslos. Aber ausgerechnet »Homo sapiens« steht immer hilfloser dem Problem der Massenarbeitslosigkeit gegenüber. Die Natur kennt nur Vollbeschäftigung. Wenn wir lernen, im Einklang mit der Natur zu arbeiten, zum Beispiel über die solare Energiewende, über die ökologische Verkehrswende, über die biologische Landwirtschaft, über ökologisches Bauen und Sanieren, über eine ökologische Wasserwende und über eine ökologische Steuerreform, die diesen Namen verdient, dann werden Millionen neue, zukunftsfähige Arbeitsplätze entstehen, von denen ein doppelter Segen ausgehen wird: ein sozialer Segen, weil mehr Arbeitslose wieder sinnvolle Arbeit finden, und ein ökologischer Segen, weil über ein ökologisches Wirtschaftswunder positive Umwelteffekte entstehen. Und außerdem werden jene Zukunftsmärkte gefördert, in denen die Exportschlager von morgen produziert werden. Nichts ist ökonomisch dümmer, als Millionen Menschen dafür zu bezahlen, dass sie nicht arbeiten!

Selbsterkenntnis und Aktivierung des Wissens

Menschen werden, wenn wir als Spezies überleben wollen, lernen müssen, was Tiere oft instinktiv »wissen«: im Problem nicht nur ein Problem, sondern auch eine Chance für dessen Lösung zu sehen. Menschen, die in diesen schwierigen Übergangszeiten zum Beispiel als Unternehmer langfristig erfolgreich sein wollen, brauchen neben einer klassischen ökonomischen Kompetenz auch eine ökologische, eine spirituelle, eine ethische, eine innovative und eine kommunikative Kompetenz. Jeder Marketingexperte weiß: Wer erfolgreich sein will, muss in die Seele anderer hineinsteigen. Das gilt für eine gelingende Partnerschaft ebenso wie für ein erfolgreiches Unternehmen, für eine erfolgreiche Politik und erst recht für ein erfolgreiches ökologisches Wirtschaften.

Wie aber steige ich erfolgreich in die Seele anderer? Der Weg führt nur über die eigene Seele, über mehr Selbsterkenntnis. Der Umweltverschmutzung ging die Innenweltverschmutzung voraus. Keine Tierart auf der Erde hat heute so sehr ihren Brutinstinkt verloren wie ausgerechnet jene Spezies, die sich selbst »Homo sapiens sapiens« nennt. Wir wissen noch immer zu wenig über uns selbst. Sonst würden wir keine Kriege mehr vorbereiten und nicht weiter einen Weltkrieg gegen die Natur und damit gegen uns selbst führen. Wir haben viel zu viel träges Wissen angehäuft und dafür fruchtbares Wissen sträflich verkommen lassen. Träges Wissen tragen wir im Kopf herum, fruchtbares Wissen zeichnet sich dadurch aus, dass wir es in die Tat umsetzen. Aber wie?

Die Technik allein rettet uns nicht

Erfolgreiche Menschen sind lernende Menschen. Erfolgreiche Unternehmer sind lernende Unternehmer. Und erfolgreiche Politiker sind lernende Politiker. Lernen ist ein evolutionärer Prozess. Es gibt kaum etwas Schöneres, als in alle Ewigkeit lernen zu können.

In den Industriestaaten gibt es seit etwa vier Jahrzehnten Umweltbewegungen und seit einem Vierteljahrhundert Umweltpolitik und Umweltministerien. Vielversprechende Umwelttechnologien wie Energiegewinnung durch Solarzellen sind entwickelt worden, die uns als Instrumente bei der Bewältigung der ökologischen Krise dienlich sein können. Dessen ungeachtet geht es der Umwelt immer schlechter. Ganz offensichtlich kann uns die Technik allein nicht retten. Das werden wir jetzt lernen müssen. Um den kranken Planeten wirklich zu heilen, brauchen wir eine ökologische Ethik oder eine ökologische Spiritualität. Wie aber und von wem können wir diese lernen? Und von wem können wir das Lernen lernen?

Der Schöpfer hat uns Menschen eine Gebrauchsanleitung für das Bewahren der Schöpfung mitgegeben. Sie ist in unser Herz, in unsere Seele oder in unser Gewissen eingehaucht. Dort in unserem Inneren finden wir immer die Wahrheit über unser Tun – auch und gerade in ökologischer Hinsicht. Es ist ja nicht so, dass wir nicht wüssten, was wir tun – wir wissen es alle inzwischen sehr wohl. Es steht täglich in den Zeitungen und wird jeden Abend im Fernsehen gezeigt. Was wir tun, entspricht allerdings nicht dem, was wir wissen. Wer also könnte uns aufwecken?

Die Schöpfung bewahren heißt zunächst zum Schöpfer zurückkehren – nach innen hören! Wenn wir das nicht mehr lernen, sind wir verloren. Die Rettung und Heilung muss von innen kommen. In der Schule der großen Lebensmeister können wir das Lernen lernen – bei Buddha, bei Lao-tse oder bei Jesus. Ihr Lebensthema war die Liebe, die Liebe zum Menschen, zu Tieren, zu Pflanzen, zur Schöpfung und zum Schöpfer. »Die Liebe ist das Atmen des Universums«, heißt es bei Novalis.

Den ökologischen Jesus entdecken

Wer im Angesicht der gegenwärtigen ökologischen Krise mit wachem Geist und mit offenem Herzen die Geschichte und die Geschichten Jesu im Neuen Testament liest, wird den ökologischen Jesus, eine jesuanische Öko-Ethik und die Jesus-Strategie zur Überwindung der ökologischen Krise entdecken. Das ist dann wirklich Weihnachten im Sinne des christlichen Mystikers Angelus Silesius: »Jesus ist umsonst geboren, wenn er nicht in dir geboren wird.«

Ich nenne Jesus auch deshalb ökologisch, weil er ein großer Naturbeobachter und ein noch größerer Naturpoet ist. Die Evangelien sind voll von ökologischen Jesus-Worten, voll von ökologischen Jesus-Bildern und voll von ökologischen Jesus-Geschichten.

Die meisten Christen und Theologen haben aber offensichtlich vergessen, was Jesus über das Säen und Ernten, das Essen und Trinken, über Nahrung und Natur, über Wurm und Wolf, über die Vögel des Himmels und die Lilien des Feldes und über die Perlen, die man nicht vor die Säue werfen soll, gesagt hat. Der ökologische Jesus bringt neue Bilder in die Welt. Seine Theologie ist Vita-logie und Öko-logie im besten Sinne des Wortes. Jesu »Vater« ist verliebt in die gesamte Schöpfung – auch in Tiere und Pflanzen, in Wasser, Luft und Erde.

Bei Jesus finden wir, wenn wir nur genau und sensibilisiert durch die heutige Öko-Krise hinschauen, die ethische Begründung für das Solarzeitalter. Unser himmlischer Vater »lässt seine Sonne scheinen auf böse wie auf gute Menschen«, sagt Jesus in der Bergpredigt – das heißt, er lässt sie für alle scheinen! Die »Sonne des Vaters« schickt uns jeden Tag 15000-mal so viel Energie auf die Erde, wie alle Menschen zurzeit verbrauchen. Die Lösung aller Energieprobleme steht am Himmel. Und siebzig Prozent aller Umweltprobleme sind Energieprobleme. Mit seinem ewig gültigen Bild von der Sonne des Vaters und dem Vater als der Sonne hinter der Sonne legte Jesus den ethischen Grundstein für das Solarzeitalter.

Wir müssen lernen, Jesu Anliegen heutig zu machen, seine Bilder zu übertragen mitten in die Probleme und Bedrängnisse unserer Zeit, und ihn heimholen in unsere Wirklichkeit am Beginn des 21. Jahrhunderts. Vor 2000 Jahren hat der junge Mann aus Nazareth gelehrt: Wer staunen, lieben und lernen kann, gehört zu den Gesegneten dieser Erde. Er lehrte uns, dass es dank der Schöpfung des »Vaters« auf dieser Erde für jedermanns Bedürfnisse reicht. Nicht anders ist seine »wunderbare Brotvermehrung« zu verstehen. Die Basis und Tiefe jesuanischer Öko-Ethik ist sein Vertrauen in die gute Schöpfung des guten Vaters für alle.

Wir sind Geliebte Gottes

Die Kirche hat uns gelehrt, dass wir alle mit der »Erbsünde« auf diese Welt kommen. Jesus dagegen hat unentwegt davon gesprochen, dass wir Geliebte und Gesegnete seien. Wer die ökologischen Bilder in den Geschichten und Gleichnissen Jesu tief in seinem Innern bedenkt, lernt Lebenslust und Lebensfreude und wird viel Energie und Vertrauen in die Schöpfung und ihre Zukunft entwickeln.

Jesus hat vor 2000 Jahren in seinen Geschichten vom Sämann und Acker, vom »Wasser des Lebens« und vom »Wunder des Wachsens« eine spirituelle Ökologie entwickelt und gelebt. In dieser Jesus-Strategie sehe ich das Überlebensprogramm für das neue Jahrtausend. Jesus war so sehr Ökologe wie Theologe – seine Ökologie ist eine Tiefenökologie, die heute endlich die zahlreichen Fortschritte in der Umwelttechnologie mit einer zeitgemäßen Überlebensethik verbinden und einzig dadurch den Durchbruch zu einer ökologischen Wirtschaft schaffen könnte. Die Umweltbewegung und Umweltpolitik bedürfen einer ökologischen Ethik, und die Ethik muss endlich ökologisch werden.

Die christliche Theologie hat 2000 Jahre darauf geachtet, dass ihr nie ein Huhn durch die Wissenschaft trippelt oder auch nur ein einziger Baum darin herumsteht. In unserem Zeitalter der ökologischen Krise wird aber jede Religion ohne ökologische Ethik so belanglos, wie die Ökologie-Bewegung ohne eine ethische Dimension letztlich erfolglos bleiben muss und über theoretische Modelle nicht hinaus kommt. Gelebte Spiritualität und erfolgreiche Umweltpolitik bedingen einander.

Wir Heutigen leben auf Kosten künftiger Generationen. Wir verbrennen die Zukunft unserer Kinder und zerstören die Seele unseres Planeten. Die Jesus-Strategie aber sieht Auswege selbst in scheinbar ausweglosen Situationen. Der verlorene Sohn wird von seinem Vater voller Freude aufgenommen. Das bedeutet: Umkehr und Wandel sind immer und grundsätzlich möglich. In der größten Krise liegt immer auch die größte Chance, lehrt der ökologische Jesus: »Wer Gott vertraut, dem ist alles möglich« (Markus 9, 23). Nach Jesus verbirgt sich hinter jedem Schleier der Nacht ein strahlender Morgen. Welch ein Hoffnungspotenzial für eine bessere Zukunft! Hoffnung, so kann man lernen vom ökologischen Jesus, ist die wichtigste Zukunftsressource. Allerdings: Jesu »Vater« hat nur unsere Hände. Jesu Hinweise, dass wir immer nur ernten können, was wir säen, bedeuten für die heutige Landwirtschaftspolitik: Wer Chemie sät, erntet das Gift in seinen Produkten. Wer aber ökologische Landwirtschaft betreibt, dem gehört die Zukunft. Oder auch: Wer Atomkraftwerke baut, wird Atomunfälle ernten. Wer aber Sonne, Wind, Wasser und nachwachsende Rohstoffe als Energieträger nutzt, wird sichere, preiswerte, umweltfreundliche und klimaverträgliche Energie ernten.

Jesus spricht vom Brot und von den Blumen, vom Backen und Bauen, von der Erde und den Engeln, von Frucht und Frieden, von Gott und Geist, von Leben und Licht, von Sonne, Sand und Senfkorn, von Regen, Reben und Reifen, vom Sämann, von Samen und vom Sauerteig, vom Sterben und von den Strömen lebendigen Wassers, von der Umkehr, vom Verstehen und Versöhnen, vom Wachsen und von Wundern, vom Wein und vom Weizen, von der Wüste und der Weisheit. Und dieser Jesus, der in diesen Bildern sprach, soll nicht ökologisch sein? Das können bis heute nur eine total von der Natur und dem Leben entfremdete und verkopfte Theologie und eine fast belanglos gewordene Kirche behaupten.

Der ökologische Jesus macht deutlich: Gott spiegelt sich in seiner Schöpfung. Die Natur ist die wahre Offenbarung seines schöpferischen Vaters. Die Natur wird denen treu sein, die dem ökologischen Jesus und seinem Vater vertrauen. Jesus macht uns auf materielle, psychische und geistige Naturgesetze aufmerksam, die heute zu Überlebensgesetzen geworden sind.

Religion im Sinne des ökologischen Jesus ist kein Buchstabenglaube und keine Gesetzestreue, sondern hochgradig empfänglich gewordenes Bewusstsein des Göttlichen in uns und Offenheit für das Göttliche um uns.

Das Jahrtausend der Ökologie beginnt

Eine neue Epoche, ein Jahrtausend der Ökologie wird beginnen, wenn wir die Metaphysik der Religionen verbinden mit den neuen Technologien für eine bessere Umwelt. Es geht um die Integration von Ethik und Technik.

Der pazifistische Jesus der Bergpredigt ist ein ökologischer Jesus. In einer Zeit, in der wir Krieg gegen die Natur führen, gilt es, die doppelte Botschaft der jesuanischen Ökologie zu erkennen: Kein Frieden mit der Natur ohne Frieden unter den Menschen. Aber auch: Kein Frieden unter den Menschen ohne Frieden mit der Natur. Die Jesus-Strategie ist eine Natur-Strategie. Wer von dieser Erkenntnis tief in seiner Seele erfasst wird und nach dieser Analyse eine Therapie in der Bergpredigt sucht, wird eine be-geist-ernde Wirkung erfahren. Und diese Be-geist-erung wird sich auswirken auf Mitwelt und Umwelt. Die Politik der Bergpredigt ist wegweisend für eine sozialökologische, friedliche und gerechte Politik im 21. Jahrhundert. Erst eine konsequente Umweltpolitik schafft die Voraussetzung für eine Welt ohne Armut.

Ich möchte Hans Küngs These »Kein Weltfrieden ohne Religionsfrieden« erweitern und ergänzen: Keine Rettung der Menschheit ohne die Weisheit des ökologischen Jesus, das heißt ohne spirituelle Ökologie in allen Religionen. Jesus ist wie Buddha ein universaler ökologischer Lehrmeister. Kein Weltfrieden ohne Frieden mit der Natur.

Ein tiefes Verstehen des ökologischen Jesus wird revolutionäre Folgen haben. Seine Lehre und sein Leben handeln von der Heiligkeit der Schöpfung, das heißt vom Heil-Sein und Wieder-Heil-Werden der Natur. Die heilige, das heißt unbeschädigte Schöpfung: Das sind Schweine ohne Schweinepest, Rinder ohne Rinderwahn, Menschen ohne umweltbedingte Allergien und ohne Hautkrebs durch das Ozonloch. Heilige Schöpfung, das ist reines Wasser, saubere Luft und gesunder Wald.

Jesus redet und handelt in der Überzeugung: Wer Menschen Vertrauen zu sich selbst schenkt, verzehnfacht ihre Kraft und ihren Mut, ihre persönliche, gesellschaftliche, aber auch ihre politi-

Am Anfang schuf Gott Himmel und Erde.
Die Erde war noch leer und öde,
Dunkel bedeckte sie und wogendes Wasser,
und über den Fluten schwebte Gottes Geist.

Da sprach Gott:
»Licht entstehe!«,
und das Licht strahlte auf.

Und Gott sah das Licht an: Es war gut.
Dann trennte Gott das Licht von der Dunkelheit
und nannte das Licht Tag, die Dunkelheit Nacht.

Es wurde Abend und wieder Morgen:
der erste Tag.

Dann sprach Gott:
»Im Wasser soll ein Gewölbe entstehen, eine Scheidewand zwischen den Wassermassen!«
So geschah es: Gott machte ein Gewölbe und trennte so das Wasser unter dem Gewölbe von dem Wasser, das darüber war.
Und Gott nannte das Gewölbe Himmel.
Es wurde Abend und wieder Morgen:
der zweite Tag.

Dann sprach Gott:
»Das Wasser unter dem Himmelsgewölbe soll sich alles
an *einer* Stelle sammeln, damit das Land hervortritt.«

So geschah es.
Und Gott nannte das Land Erde,
die Sammlung des Wassers nannte er Meer.

Und Gott sah das alles an: Es war gut.

Dann sprach Gott:
»Die Erde lasse frisches Grün aufsprießen,
Pflanzen und Bäume von jeder Art, die Samen
und samenhaltige Früchte tragen!«

So geschah es: Die Erde brachte frisches Grün hervor, Pflanzen jeder Art mit ihren Samen und alle Arten von Bäumen mit samenhaltigen Früchten.

Und Gott sah das alles an: Es war gut.
Es wurde Abend und wieder Morgen:
der dritte Tag.

Dann sprach Gott:
»Am Himmel sollen Lichter entstehen,
die Tag und Nacht voneinander scheiden,
leuchtende Zeichen, um die Zeiten zu
bestimmen: Tage und Feste und Jahre.
Sie sollen am Himmelsgewölbe leuchten,
damit sie der Erde Licht geben.«
So geschah es: Gott machte zwei große
Lichter, ein größeres, das den Tag
beherrscht, …

… und ein kleineres für die Nacht, dazu auch das ganze
Heer der Sterne. Gott setzte sie an das Himmelsgewölbe,
damit sie der Erde Licht geben, den Tag und die Nacht
regieren und Licht und Dunkelheit voneinander scheiden.
Und Gott sah das alles an: Es war gut.
Es wurde Abend und wieder Morgen:
der vierte Tag.

Und Gott sah das alles an: Es war gut.

Und Gott segnete seine Geschöpfe und sagte:
»Seid fruchtbar, vermehrt euch und füllt die Meere,
und ihr Vögel, vermehrt euch auf der Erde!«
Es wurde Abend und wieder Morgen:
der fünfte Tag.

Dann sprach Gott:
»Die Erde soll Leben hervorbringen: Alle Arten von Vieh und wilden Tieren und alles, was auf der Erde kriecht.«
So geschah es.

Gott machte die wilden Tiere und das Vieh und alles, was auf dem Boden kriecht, alle die verschiedenen Arten.

Und Gott sah das alles an: Es war gut.

Dann sprach Gott:
»Nun wollen wir Menschen machen,
ein Abbild von uns, das uns ähnlich ist!
Sie sollen Macht haben über die Fische
im Meer, über die Vögel in der Luft, über
das Vieh und alle Tiere auf der Erde und
über alles, was auf dem Boden kriecht.«

So schuf Gott die Menschen nach seinem Bild, als Gottes Ebenbild schuf er sie und schuf sie als Mann und als Frau. Und Gott segnete die Menschen und sagte zu ihnen: »Seid fruchtbar und vermehrt euch! Füllt die ganze Erde und nehmt sie in Besitz! Ich setze euch über die Fische im Meer, die Vögel in der Luft und alle Tiere, die auf der Erde leben, und vertraue sie eurer Fürsorge an.«

CARIB

Weiter sagte Gott zu den Menschen:
»Als Nahrung gebe ich euch die Samen der Pflanzen und die Früchte, die an den Bäumen wachsen, überall auf der ganzen Erde. Den Landtieren aber und den Vögeln und allem, was auf dem Boden kriecht, allen Geschöpfen, die den Lebenshauch in sich tragen, weise ich Gräser und Blätter zur Nahrung zu.«
So geschah es.

Und Gott sah alles an, was er geschaffen hatte, und sah: Es war alles sehr gut. Es wurde Abend und wieder Morgen: der sechste Tag.

So entstanden Himmel und Erde mit allem, was lebt. Am siebten Tag hatte Gott sein Werk vollendet und ruhte von aller seiner Arbeit aus. Und Gott segnete den siebten Tag und erklärte ihn zu einem heiligen Tag, der ihm gehört, denn an diesem Tag ruhte Gott, nachdem er sein Schöpfungswerk vollbracht hatte.
Dies ist die Geschichte der Entstehung von Himmel und Erde; so hat Gott sie geschaffen.

Bildlegenden

Wie die Bilder entstanden

Die Fotografien dieses Buches sind das Lebenswerk von Helfried und Renate Weyer, die in den vergangenen 25 Jahren alle Kontinente besuchten und dort – oft unter extremen Bedingungen – Panoramabilder für ihre Multivisionsvorträge aufnahmen. Diese Bilder projizierte das Team Weyer wiederum in aller Welt vor einem Millionenpublikum, in großen Sälen und Hallen und auf exklusiven Schiffen wie der »Europa«, »Hanseatic«, »Bremen«, »Worldiscoverer«, den Hurtigruten-Schiffen oder dem Dreimastschoner »Lili Marleen«. Dabei wurden die Aufnahme- und Wiedergabetechnik immer aufwendiger und perfekter, die Zielgebiete entlegener. Mit Großbildkameras von Rollei fototechnic und Linhof – immer bestückt mit Kodak-Ektachrome-Filmen – reiste das Ehepaar Weyer in die kältesten und in die heißesten Ecken der Welt; zu Fuß, per Helikopter, im Einbaum, Geländeauto oder auch mit dem Hundeschlitten. Im Vortragssaal sorgten Mittelformatprojektoren und übergroße Panoramawände für gestochen scharfe und extrem helle Bildwiedergaben.

Helfried und Renate Weyer in Ägypten

Je weiter sich die fotografierenden Weltenbummler von der menschlichen Zivilisation entfernten, desto tiefer drangen sie ein in Gottes unvergleichliche Schöpfung, in die einzigartigen Eis- und Sandwüsten, in die schattigen Urwälder und in die stille Bergwelt des Himalaya. Sie bestaunten wilde Elefantenherden in Botswana und die filigrane Schönheit der tropischen Schmetterlinge, eine aufspringende Knospe und mit Donnergetöse kalbende Gletscher. Und sie begegneten Menschen, die dort am gastfreundlichsten und ehrlichsten sind, wo sie noch im natürlichen Umfeld der Weltschöpfung leben: in der Sahara, im Eis der Arktis oder in entlegenen Bergtälern und Hochebenen. Dort haben die Weyers über alle Sprach- und Kulturbarrieren hinweg Freundschaft geschlossen, mit

Renate Weyer mit einem Polareskimo in Grönland

Menschen, Tieren und Landschaften, die Gott – und nur Er alleine – so unterschiedlich und so unendlich vielseitig geschaffen hat.

»Wir haben die Schöpfung vor Ort hautnah erlebt und einen kleinen, bescheidenen Teil davon in unseren Bildern mitgebracht«, berichtet Helfried Weyer. »Kalte Füße und aufgesprungene Wangen und Ohren, nasse und stürmische Zeltnächte sowie Durst und Müdigkeit sind bei solchen Reisen nicht zu vermeiden, aber im Verhältnis zum wahren Erleben fallen diese Unbequemlichkeiten kaum ins Gewicht, verglichen mit dem Blick in einen kochenden Krater, der Wüstennacht unter einem unendlichen Sternenhimmel oder dem Sonnenuntergang über dem Mount Everest sind sie eher bedeutungslos. Auf den richtigen Lichteffekt mussten wir oft Stunden oder gar Tage warten, für die ideale Perspektive große Stative und schwere Kameras an exponierte Orte tragen. Wir haben das alles gerne getan – und immer wieder.«

Helfried Weyer mit seinem Freund Achmed in Libyen

Über ihre Weltreisen haben die in Buxtehude lebenden Weyers fast 50 Bildbände und Fotofachbücher herausgegeben. Der Kodak-Fotobuchpreis ist nur eine Auszeichnung von vielen für das umfangreiche Schaffen von Helfried und Renate Weyer.

Dr. Franz Alt studierte in Freiburg und Heidelberg Geschichte, Politische Wissenschaften, Theologie und Philosophie. Seit 1968 ist er Fernsehjournalist, er leitete und moderierte viele Jahre lang das politische Magazin »Report«. Heute leitet er die Zukunftsreihe »Zeitsprung« der ARD sowie die Reihe »Grenzenlos« bei 3sat. Zahlreiche seiner Bücher, darunter »Jesus – Der erste neue Mann« und »Frieden ist möglich«, wurden zu Bestsellern.

Dr. Franz Alt

Das gemeinsame Interesse am Schicksal Tibets und die Anteilnahme an den dortigen Menschenrechtsverletzungen durch China haben die Ehepaare Alt und Weyer schon vor vielen Jahren zusammengeführt.

Weitere, noch lieferbare Bücher von Helfried Weyer:

Ägypten – Wüste, Nil und Sinai. Steinfurt: Tecklenborg Verlag 2002
Reisen und Fotografieren wie ein Profi. Frankfurt am Main: Umschau Verlag 2001
Sahara – Porträt einer großen Wüste. Steinfurt: Tecklenborg Verlag 2000
Hurtigruten – Mit dem Postschiff durch Norwegen. Steinfurt: Tecklenborg Verlag 1999
Antarctica. Steinfurt: Tecklenborg Verlag 1998

Informationen über Bücher und Fotoreisen finden Sie auf der Website von Helfried Weyer:
http://www.helfried-weyer.de

»Die Schöpfung« können Sie auch als Diaschau buchen bei:
Helfried Weyer, Eckdahl 38, D 21614 Buxtehude
oder über e-mail: weyer@helfried-weyer.de

Weitere Bücher von Franz Alt:

Krieg um Öl oder Frieden durch die Sonne. München: Riemann Verlag 2002
Agrarwende jetzt. Gesunde Lebensmittel für alle. München: Goldmann 2001
Der ökologische Jesus. Vertrauen in die Schöpfung. München: Riemann Verlag 1999

Über die Bücher finden Sie Informationen auf der Webseite von Franz Alt: http://www.sonnenseite.com
Auf der »Sonnenseite« gibt es täglich neue Informationen über vorbildliche Zukunftsprojekte aus der ganzen Welt.

Fotos:	Helfried und Renate Weyer (S. 44/45: Hardy Weyer)
Lektorat:	Diethelm Kaiser, Berlin
Gestaltung:	Jonas Maron, Berlin
Satz und Repro:	Mega-Satz-Service, Berlin
Druck:	Aumüller Druck, Regensburg
Bindung:	Kunst- und Verlagsbuchbinderei Leipzig

Dem Text der Genesis (1. Buch Mose) liegt die Übersetzung der »Gute Nachricht Bibel« der Deutschen Bibelgesellschaft und des Verlages Katholisches Bibelwerk zugrunde.

ISBN 3-87584-954-X